Impressum
Verlag: BABADADA GmbH, Nedderfeld 112 , 22529 Hamburg
Geschäftsführer / Verlagsleitung: Harald Hof
Druck: Books on Demand GmbH, In de Tarpen 42, 22848 Norderstedt

Imprint
Publisher: BABADADA GmbH, Nedderfeld 112 , 22529 Hamburg, Germany
Managing Director / Publishing direction: Harald Hof
Print: Books on Demand GmbH, In de Tarpen 42, 22848 Norderstedt, Germany

škola
mokykla

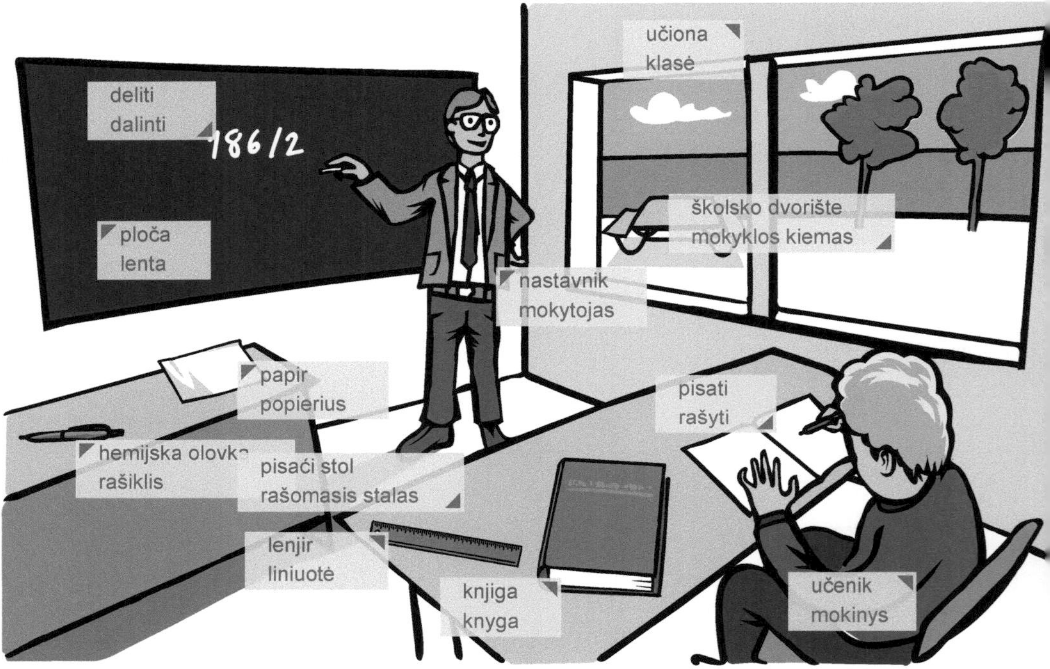

učiona
klasė
deliti
dalinti
186/2
ploča
lenta
školsko dvorište
mokyklos kiemas
nastavnik
mokytojas
papir
popierius
pisati
rašyti
hemijska olovka
rašiklis
pisaći stol
rašomasis stalas
lenjir
liniuotė
knjiga
knyga
učenik
mokinys

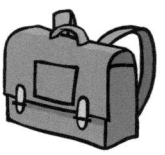

torba

kuprinė

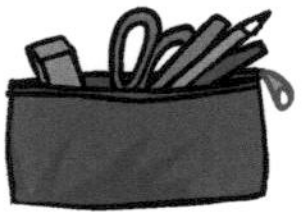

pernica

penalas

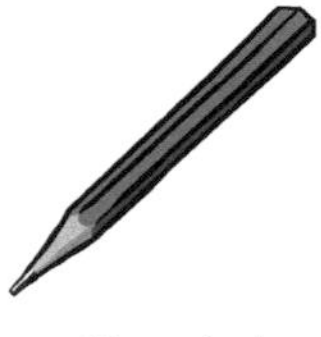

grafitna olovka

pieštukas

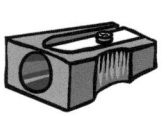

šiljilo za olovke

drožtukas

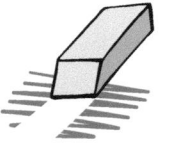

gumica za brisanje

trintukas

blok za crtanje

piešimo bloknotas

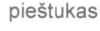

crtež
....
piešinys

kist
....
teptukas

kutija sa bojama
....
dažų dėžutė

makaze
....
žirklės

lepilo
....
klijai

beležnica
....
vadovėlis

domaći zadatak
....
namų darbai

broj
....
numeris

sabirati
....
pridėti

oduzimati
....
atimti

množiti
....
dauginti

računati
....
skaičiuoti

slovo
....
raidė

abeceda
....
abėcėlė

reč
....
žodis

tekst

tekstas

čitati

skaityti

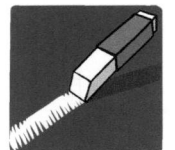

kreda

kreida

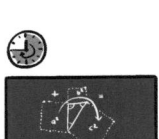

čas

pamoka

dnevnik

dienynas

ispit

egzaminas

svedočanstvo

pažymėjimas

školska uniforma

mokyklinė uniforma

obrazovanje

išsilavinimas

leksikon

enciklopedija

univerzitet

universitetas

mikroskop

mikroskopas

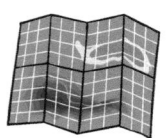

karta

žemėlapis

košara za papir

šiukšliadėžė

putovanje
kelionė

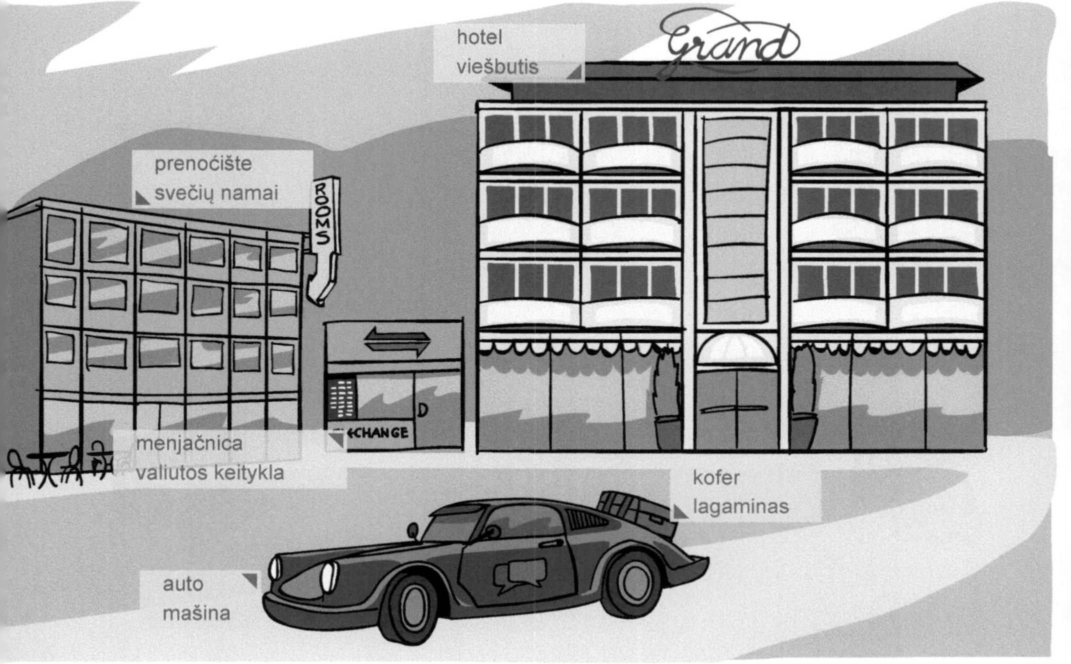

hotel
viešbutis
Grand
prenoćište
svečių namai
ROOMS
menjačnica
valiutos keitykla
EXCHANGE
kofer
lagaminas
auto
mašina

jezik
kalba

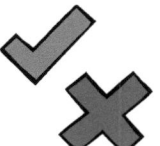

da / ne
taip / ne

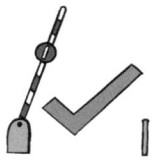

okej
Gerai

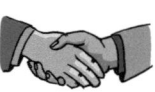

zdravo
sveiki

prevodilac
vertėjas raštu

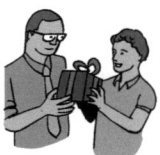

hvala
Ačiū

Koliko košta...?

kiek kainuoja...?

ne razumem

aš nesuprantu

problem

problema

dobro veče!

Labas vakaras!

Dobro jutro!

Labas rytas!

Laku noć!

Labos nakties!

doviđenja

viso gero

smer

kryptis

prtljaga

bagažas

torba

krepšys

ruksak

kuprinė

gost

svečias

soba

kambarys

vreća za spavanje

miegmaišis

šator

palapinė

turističke informacije

turizmo informacija

plaža

paplūdimys

kreditna kartica

kreditinė kortelė

doručak

pusryčiai

ručak

pietūs

večera

vakarienė

karta za vožnju

bilietas

lift

liftas

poštanska markica

pašto ženklas

granica

siena

carina

muitinė

ambasada

ambasada

viza

viza

pasoš

pasas

transport
transportas

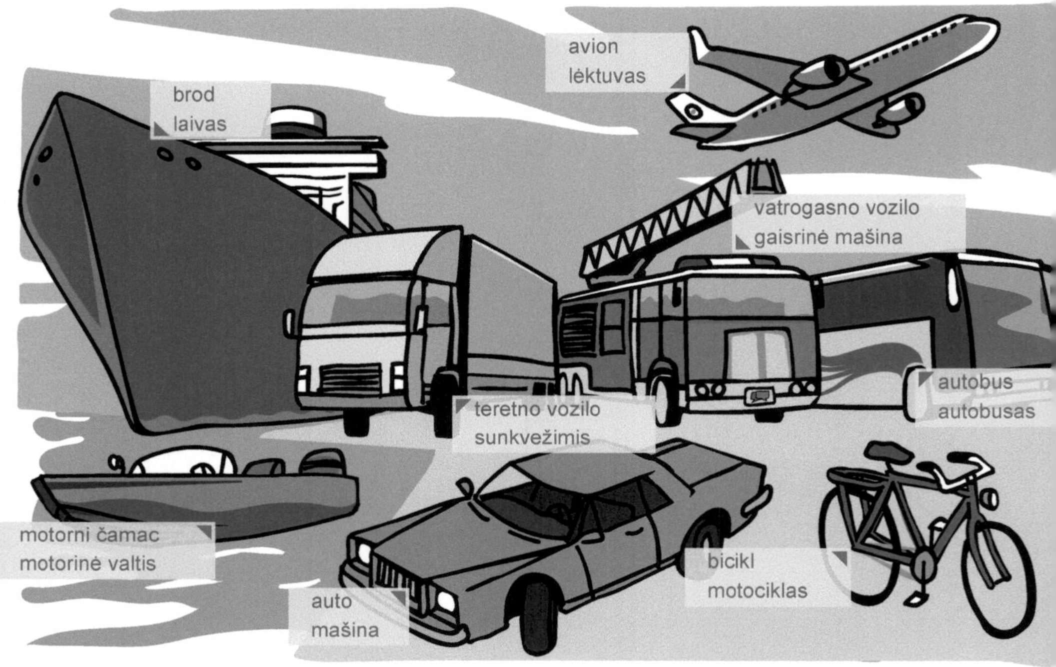

avion
lėktuvas
brod
laivas
vatrogasno vozilo
gaisrinė mašina
autobus
autobusas
teretno vozilo
sunkvežimis
motorni čamac
motorinė valtis
bicikl
motociklas
auto
mašina

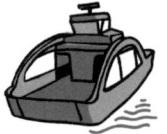

trajekt

keltas

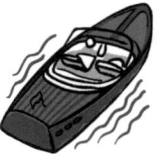

čamac

valtis

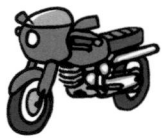

motocikl

mopedas

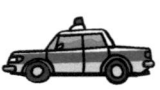

policijski auto

policijos automobilis

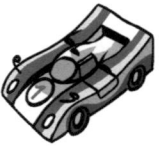

trkaći auto

lenktyninis automobilis

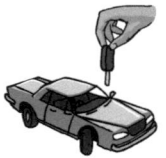

iznajmljeno auto

nuomojamas automobilis

delenje automobila

bendras automobilio
naudojimas

vučno vozilo

techninės pagalbos
automobilis

vozilo za odvoz smeća

šiukšliavežė

motor

variklis

benzin

degalai

benzinska stanica

degalinė

saobraćajni znak

kelio ženklas

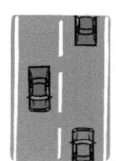

saobraćaj

eismas

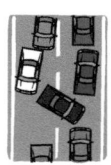

zastoj

eismo spūstis

parkiralište

mašinų stovėjimo aikštelė

železnička stanica

traukinių stotis

šine

bėgiai

voz

traukinys

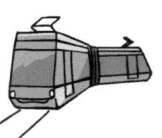

tramvaj

tramvajus

vagon

vagonas

helikopter

sraigtasparnis

aerodrom

oro uostas

kula

bokštas

putnik

keleivis

kontejner

konteineris

karton

dėžė

kolica

vežimėlis

korpa

krepšys

uzleteti / sleteti

pakilti / nusileisti

grad

miestas

selo

kaimas

centar grada

miesto centras

kuća

namas

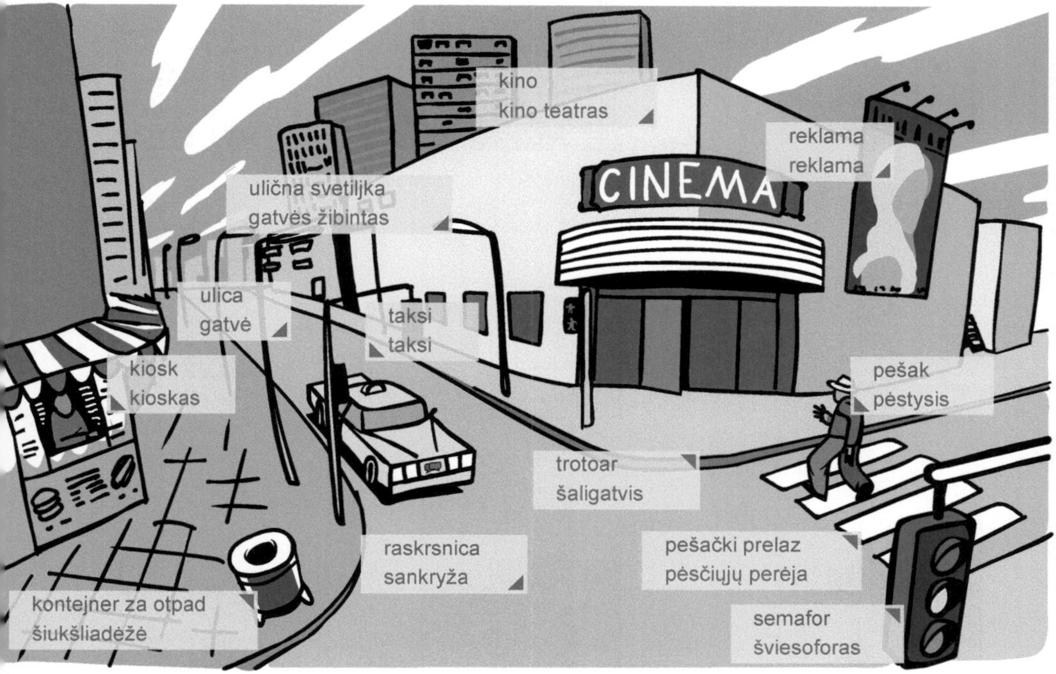

kino
kino teatras

reklama
reklama

ulična svetiljka
gatvės žibintas

CINEMA

ulica
gatvė

taksi
taksi

pešak
pėstysis

kiosk
kioskas

trotoar
šaligatvis

raskrsnica
sankryža

pešački prelaz
pėsčiųjų perėja

kontejner za otpad
šiukšliadėžė

semafor
šviesoforas

koliba

trobelė

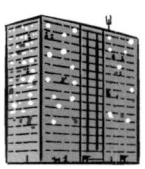

stan

butas

železnička stanica

traukinių stotis

većnica

rotušė

muzej

muziejus

škola

mokykla

grad - miestas

univerzitet

universitetas

banka

bankas

bolnica

ligoninė

hotel

viešbutis

apoteka

vaistinė

kancelarija

biuras

knjižara

knygynas

prodavnica

parduotuvė

cvećara

gėlių parduotuvė

supermarket

prekybos centras

trg

turgus

robna kuća

universalinė parduotuvė

ribarnica

žuvies parduotuvė

trgovački centar

prekybos centras

luka

uostas

park

parkas

klupa

suoliukas

most

tiltas

stepenice

laiptai

podzemna železnica

metro

tunel

tunelis

autobuska stanica

autobusų stotelė

bar

baras

restoran

restoranas

poštansko sanduče

lauko pašto dėžutė

ulični znak

kelio ženklas

parkirni automat

parkomatas

zoološki vrt

zoologijos sodas

bazen

baseinas

džamija

mečetė

seosko gazdinstvo

ūkininko ūkis

zagađenje okoline

tarša

groblje

kapinės

crkva

bažnyčia

igralište

žaidimų aikštelė

hram

šventykla

pejsaž
kraštovaizdis

list
lapas

putokaz
kelio rodyklė

put
kelias

livada
pieva

kamen
akmuo

drvo
medis

šetač
ėjikas

reka
upė

trava
žolė

cvijet
gėlė

dolina
....
slėnis

planina
....
kalva

jezero
....
ežeras

šuma
....
miškas

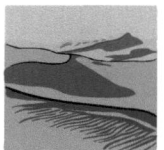

pustinja
....
dykuma

vulkan
....
ugnikalnis

dvorac
....
pilis

duga
....
vaivorykštė

gljiva
....
grybas

palma
....
palmė

moskito
....
uodas

muva
....
musė

mrav
....
skruzdėlė

pčela
....
bitė

pauk
....
voras

buba

vabalas

žaba

varlė

veverica

voverė

jež

ežys

zec

kiškis

sova

pelėda

ptica

paukštis

labud

gulbė

divlja svinja

šernas

jelen

elnias

los

briedis

nasip

užtvanka

vetrenjača

vėjo jėgainė

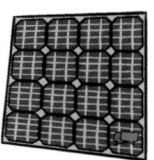

solarna ploča

saulės baterija

klima

klimatas

pejsaž - kraštovaizdis

restoran
restoranas

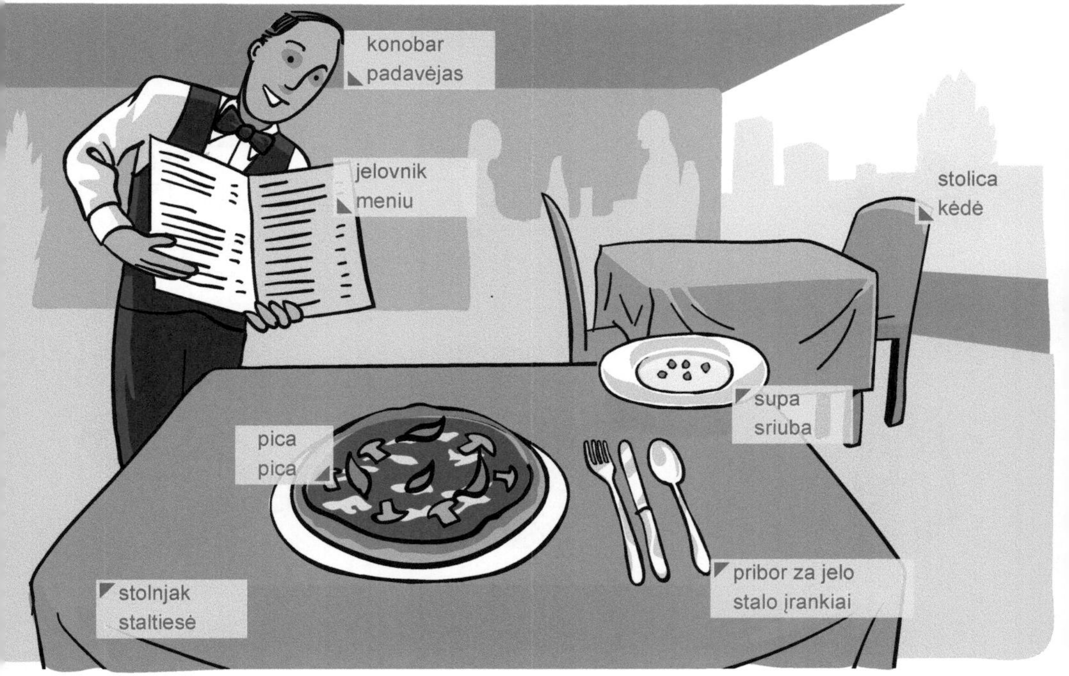
konobar
padavėjas
jelovnik
meniu
stolica
kėdė
supa
sriuba
pica
pica
pribor za jelo
stalo įrankiai
stolnjak
staltiesė

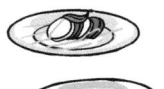

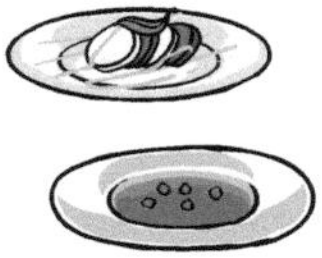

predjelo

užkandis

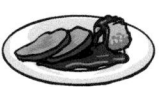

glavno jelo

pagrindinis patiekalas

desert

desertas

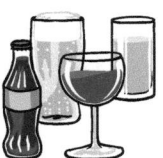

napitci

gėrimai

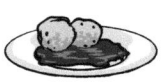

jelo

maistas

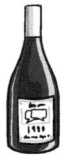

flaša

butelis

brza hrana

greitai pateikiamas maistas

imbis hrana

gatvės maistas

čajnik

arbatinukas

doza za šećer

cukrinė

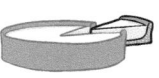

porcija

porcija

aparat za espresso

espreso aparatas

visoka stolica

aukšta kėdė

račun

sąskaita

poslužavnik

padėklas

nož

peilis

viljuška

šakutė

kašika

šaukštas

čajna kašika

arbatinis šaukštelis

salveta

servetėlė

čaša

stiklinė

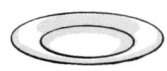

tanjir

lėkštė

tanjir za supu

sriubos lėkštė

tanjirić

padėklas

sos

padažas

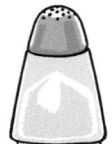

soljenka

druskinė

mlin za biber

pipirų malūnėlis

sirće

actas

ulje

aliejus

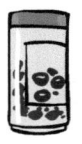

začini

prieskoniai

kečap

kečupas

senf

garstyčios

majoneza

majonezas

supermarket
prekybos centras

ponuda
specialus pasiūlymas
FOR
kupac
pirkėjas
mlečni proizvodi
pieno produktai
voće
vaisiai
kolica za kupovinu
troleibusas

BUTCHERS

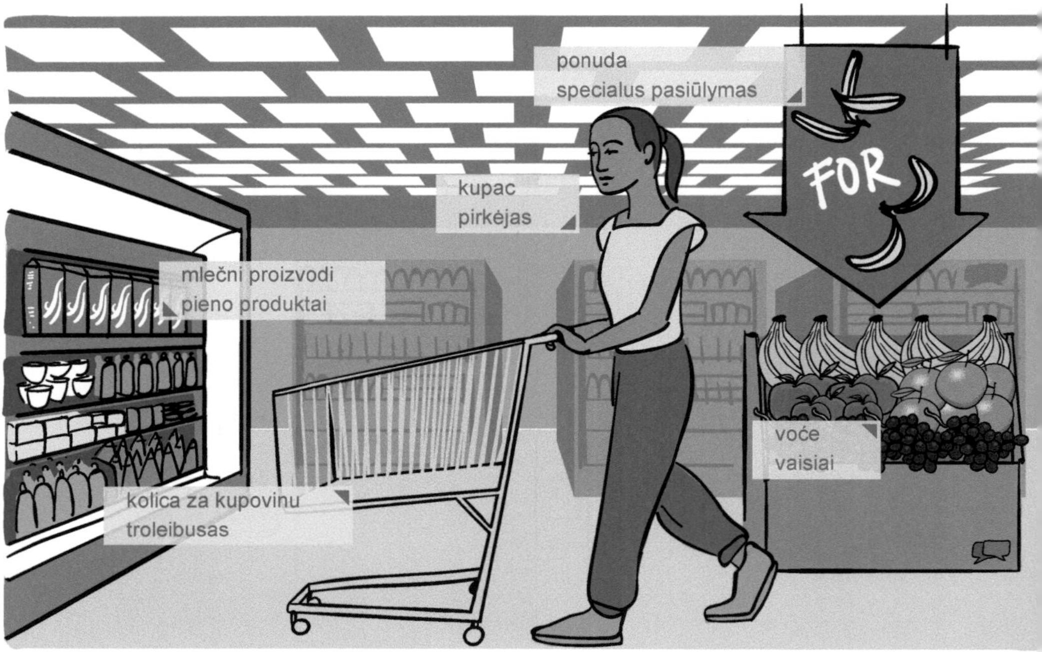

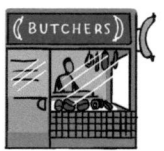

mesnica

mėsos parduotuvė

BAKERY

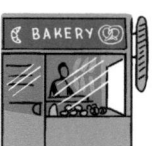

pekara

kepykla

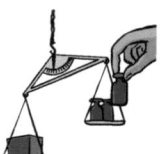

vagati

sverti

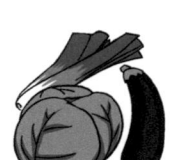

povrće

daržovės

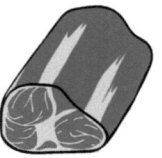

meso

mėsa

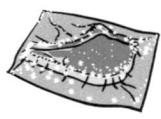

smrznuta hrana

šaldytas maistas

narezak

šalti mėsos užkandžiai

konzerve

konservai

sredstvo za pranje

skalbimo milteliai

slatkiši

saldumynai

artikli za domaćinstvo

ūkinės prekės

sredstva za čišćenje

valymo priemonės

prodavačica

pardavėja

blagajna

kasos aparatas

blagajnik

kasininkas

lista za kupovinu

pirkinių sąrašas

vreme rada

darbo valandos

novčanik

piniginė

kreditna kartica

kreditinė kortelė

torba

maišelis

plastična kesa

plastikinis maišelis

voda

vanduo

sok

sultys

mleko

pienas

kola

kola

vino

vynas

pivo

alus

alkohol

alkoholis

kakao

kakava

čaj

arbata

kava

kava

espresso

espresas

cappuccino

kapučinas

banana

bananas

jabuka

obuolys

narandža

apelsinas

lubenica

arbūzas

limun

citrina

šargarepa

morka

beli luk

česnakas

bambus

bambukas

luk

svogūnas

gljiva

grybas

orašasti plodovi

riešutai

rezanci

makaronai

špagete
spagečiai

riža
ryžiai

salata
salotos

pomfrit
traškučiai

pečeni krumpir
keptos bulvės

pica
pica

hamburger
mėsainis

sendvič
sumuštinis

šnicla
pjausnys

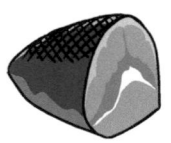

šunka
kumpis

salama
saliamis

kobasica
dešrelė

kokoš
vištiena

pečenje
kepsnys

riba
žuvis

zobene pahuljice

avižų dribsniai

musli

dribsniai su priedais

kukuruzne pahuljice

kukurūzų dribsniai

brašno

miltai

kroasan

prancūziškasis ragelis

pecivo

bandelė

hleb

duona

toast

skrebutis

keksi

sausainiai

maslac

sviestas

sveži sir

varškė

kolač

tortas

jaje

kiaušinis

jaje na oko

kiaušinienė

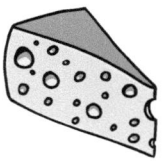

sir

sūris

sladoled
ledai

šećer
cukrus

med
medus

marmelada
uogienė

nugat krema
tepamas šokoladas

kari
karis

seosko gazdinstvo
ūkininko ūkis

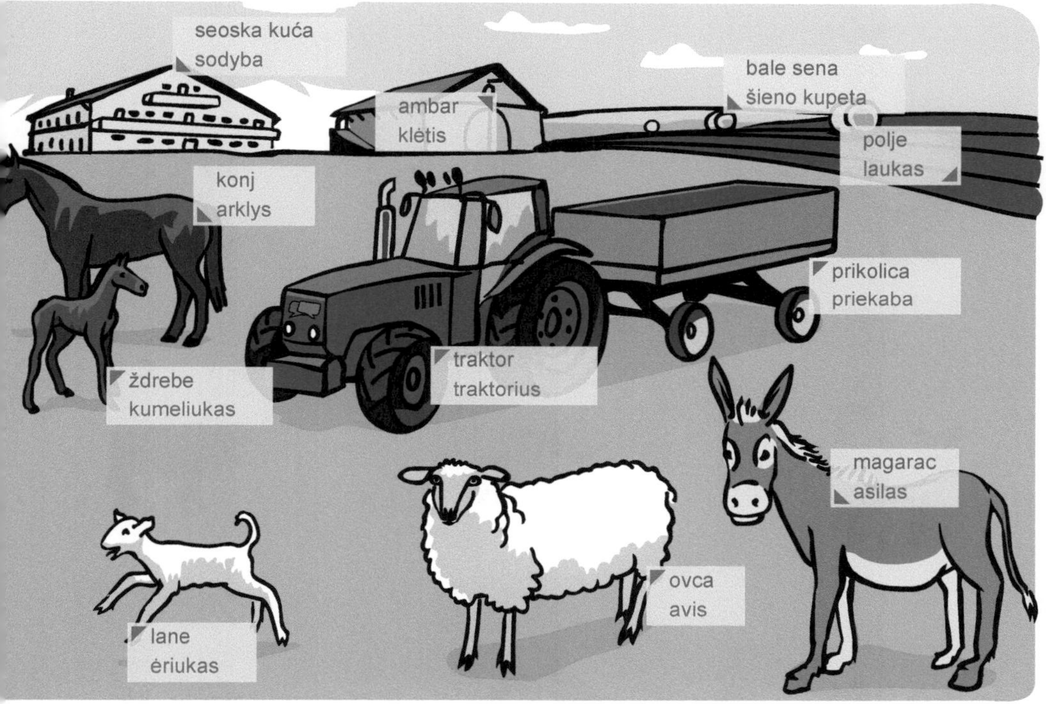
seoska kuća
sodyba
bale sena
šieno kupeta
ambar
klėtis
polje
laukas
konj
arklys
prikolica
priekaba
traktor
traktorius
ždrebe
kumeliukas
magarac
asilas
ovca
avis
lane
ėriukas

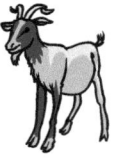

koza
ožys

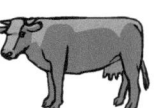

krava
karvė

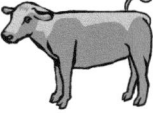

tele
veršis

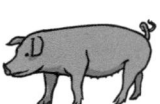

svinja
kiaulė

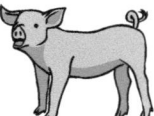

prase
paršelis

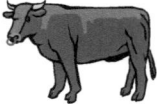

bik
bulius

guska
žąsis

patka
antis

pilići
viščiukas

kokoš
višta

petao
gaidys

pacov
žiurkė

mačka
katė

miš
pelė

vol
jautis

pas
šuo

kućica za psa
šuns būda

vrtno crevo
sodo namas

kanta za polivanje
laistytuvas

kosa
dalgis

plug
plūgas

srp

pjautuvas

motika

kauptukas

viljuška za đubrivo

šakės

sekira

kirvis

tačke

statinė

korito

lovys

posuda za mleko

bidonas

vreća

maišas

ograda

tvora

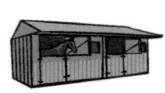

štala

arklidė

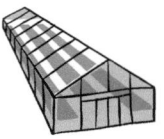

staklenik

šiltnamis

zemlja

dirva

seme

sėkla

đubrivo

trąšos

kombajn

kombainas

žeti

rinkti

žetva

derlius

jams začin

saldžiosios bulvės

pšenica

kviečiai

soja

soja

krumpir

bulvė

kukuruz

kukurūzai

uljana repica

rapsai

voćka

vaismedis

gomolj manioke

manijokas

žitarice

grūdai

kuća
namas

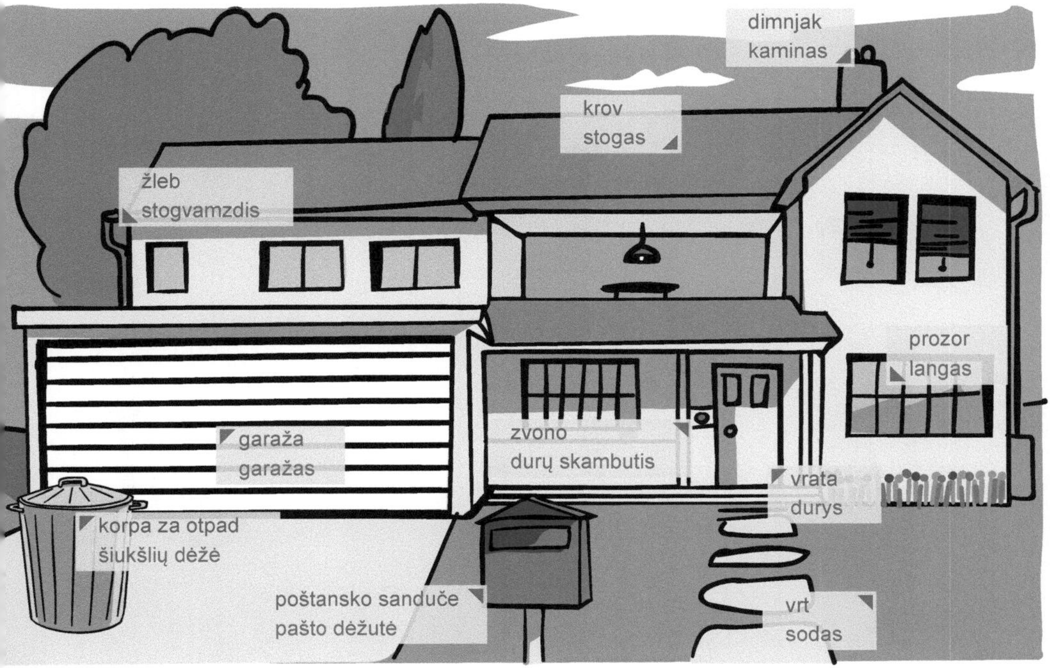
dimnjak
kaminas
krov
stogas
žleb
stogvamzdis
prozor
langas
garaža
garažas
zvono
durų skambutis
vrata
durys
korpa za otpad
šiukšlių dėžė
poštansko sanduče
pašto dėžutė
vrt
sodas

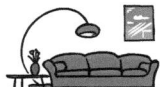

dnevna soba

svetainė

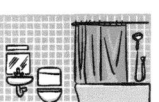

kupaonica

vonios kambarys

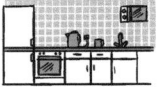

kuhinja

virtuvė

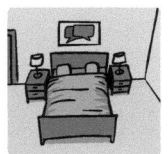

spavaća soba

miegamasis

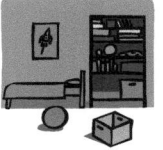

dečija soba

vaiko kambarys

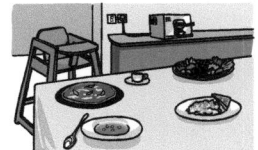

trpezarija

valgomasis

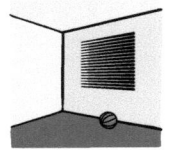

pod

grindys

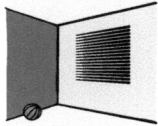

zid

siena

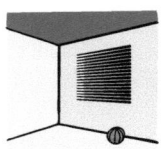

strop

lubos

podrum

rūsys

sauna

sauna

balkon

balkonas

terasa

terasa

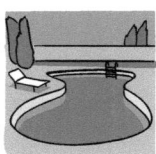

bazen

baseinas

kosilica za travu

žoliapjovė

posteljina za krevet

paklodė

deka za krevet

lovatiesė

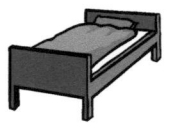

krevet

lova

metla

šluota

kanta

kibiras

prekidač

jungiklis

dnevna soba
svetainė

tapeta
tapetai
slika
nuotrauka
svetiljka
šviestuvas
regal
lentyna
ormar
spintelė
televizija
televizorius
kamin
židinys
cvijet
gėlė
jastuk
pagalvėlė
kauč
sofa
vaza
vaza
daljinski upravljač
nuotolinio valdymo pultelis

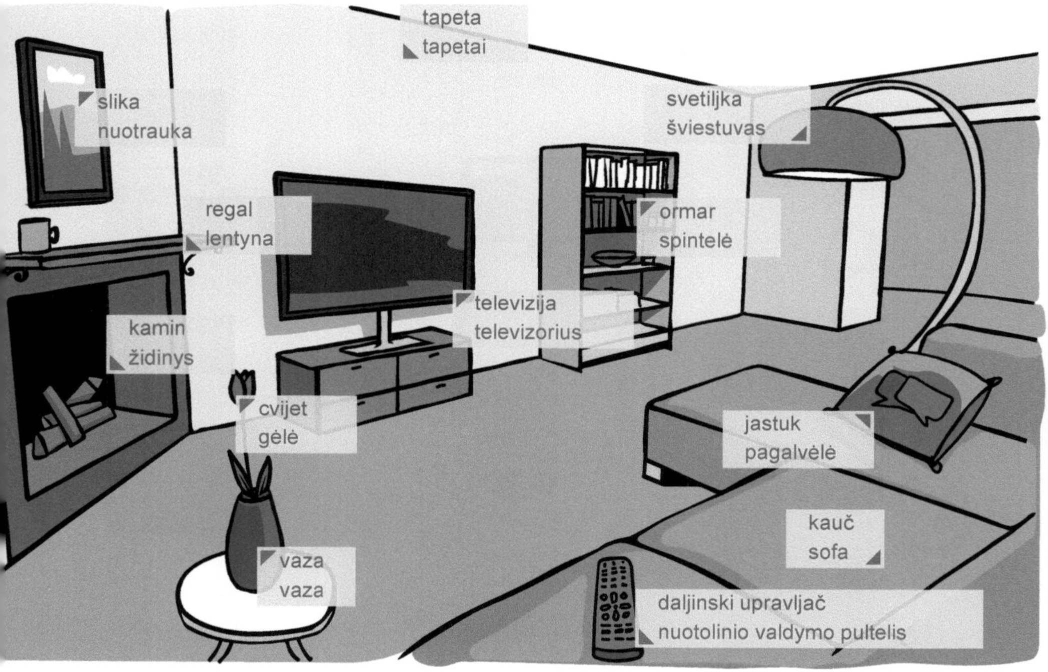

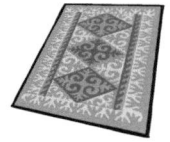

tepih

kilimas

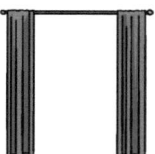

zavesa

užuolaida

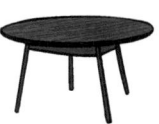

sto

stalas

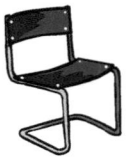

stolica

kėdė

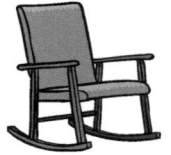

stolica za njihanje

supamasis krėslas

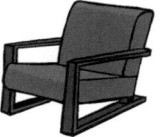

fotelja

fotelis

knjiga

knyga

deka

antklodė

dekoracija

papuošimai

drvo za ogrev

malkos

film

filmas

hi-fi uređaj

stereo aparatūra

ključ

raktas

novine

laikraštis

slika na platnu

paveikslas

poster

plakatas

radio

radijas

blok za pisanje

užrašų knygelė

usisivač

dulkių siurblys

kaktus

kaktusas

sveća

žvakė

kuhinja
virtuvė

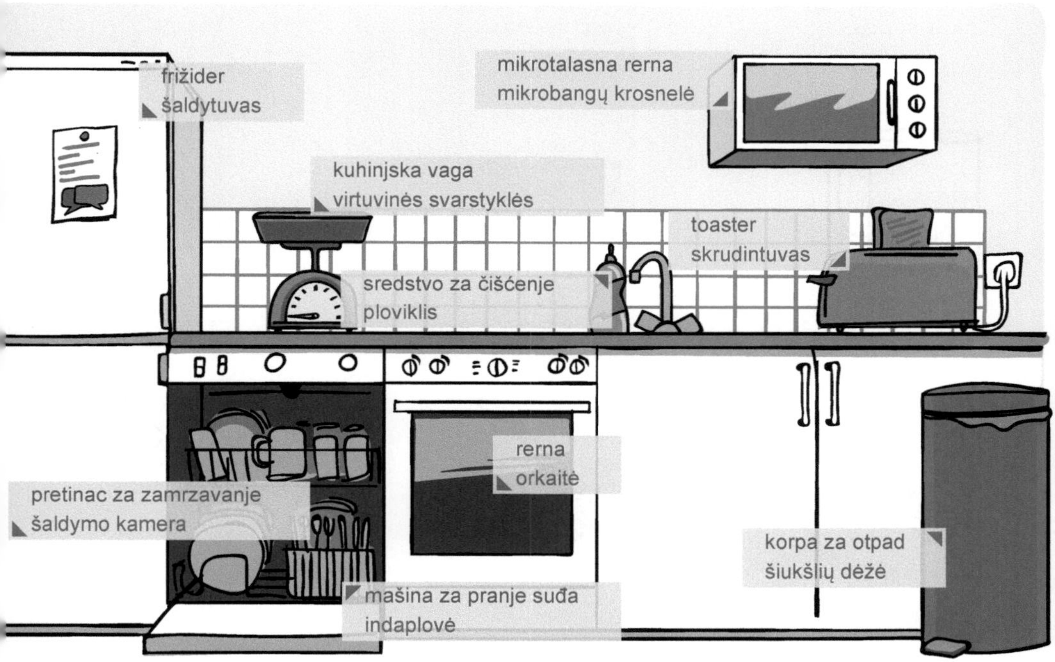
frižider
šaldytuvas
mikrotalasna rerna
mikrobangų krosnelė
kuhinjska vaga
virtuvinės svarstyklės
toaster
skrudintuvas
sredstvo za čišćenje
ploviklis
rerna
orkaitė
pretinac za zamrzavanje
šaldymo kamera
korpa za otpad
šiukšlių dėžė
mašina za pranje suđa
indaplovė

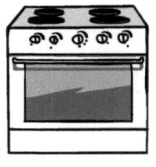

šporet

viryklė

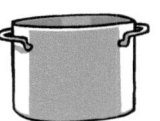

lonac

puodas

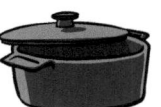

gvozdeni lonac

ketaus puodas

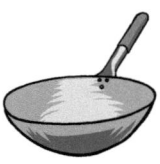

wok / kadai

„wok“ keptuvė

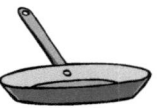

tava

keptuvė

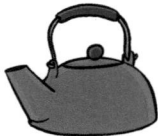

kuvalo za vodu

virdulys

kuvalo na paru

garų puodas

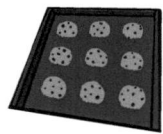

lim za pečenje

kepimo skarda

posuđe

porceliano indai

čaša

puodelis

posuda

dubuo

štapići za jelo

valgomosios lazdelės

kutlača

samtis

lopatica

mentelė

penjača

plaktuvas

sito za kuvanje

koštuvas

sito

sietas

ribež

trintuvė

mužar

grūstuvė

roštilj

kepsninė

ognjište

atvira liepsna

daska

pjaustymo lentelė

oklagija

kočėlas

vadičep

kamščiatraukis

konzerva

skardinė

otvarač konzervi

skardinių atidarytuvas

krpa za lonac

puodkėlė

sudoper

kriauklė

četka

šepetys

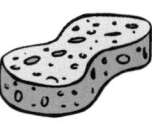

sunđer

kempinė

mikser

trintuvas

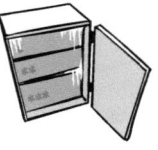

zamrzivač

šaldiklis

flašica za bebe

kūdikių buteliukas

slavina za vodu

čiaupas

kupaonica
vonios kambarys

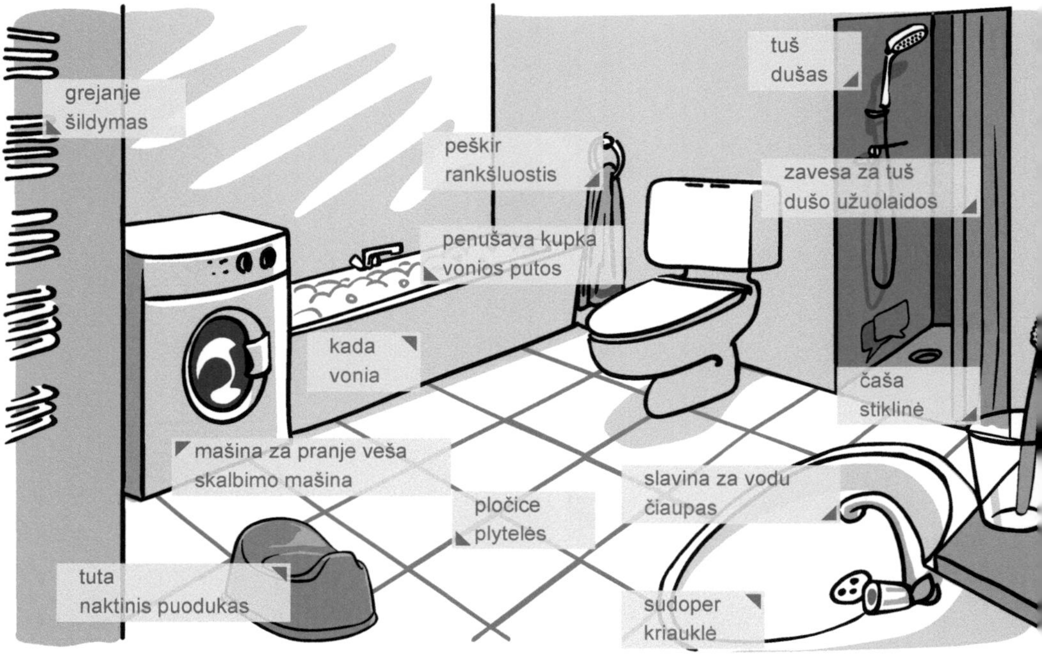

tuš
dušas
grejanje
šildymas
peškir
rankšluostis
zavesa za tuš
dušo užuolaidos
penušava kupka
vonios putos
kada
vonia
čaša
stiklinė
mašina za pranje veša
skalbimo mašina
slavina za vodu
čiaupas
pločice
plytelės
tuta
naktinis puodukas
sudoper
kriauklė

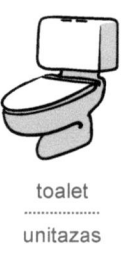

toalet

unitazas

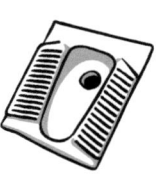

čučavac

tupimasis unitazas

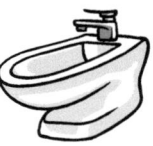

bidet

bidė

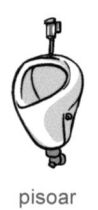

pisoar

pisuaras

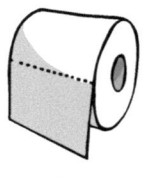

toaletni papir

tualetinis popierius

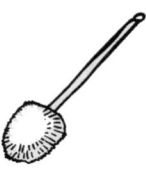

četka za toalet

unitazo šepetys

četkica za zube

dantų šepetėlis

pasta za zube

dantų pasta

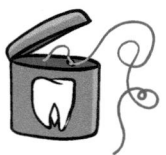

konac za zube

dantų siūlas

prati

plauti

tuš ručica

dušo galvutė

tuš za pranje intimnih delova

higieninis dušas

lavor

praustuvas

četka za pranje leđa

nugaros plaušinė

sapun

muilas

gel za tuširanje

dušo želė

šampon

šampūnas

krpa za pranje

plaušinė

odvod

kanalizacija

krema

kremas

dezodorans

dezodorantas

kupaonica - vonios kambarys

ogledalo

veidrodis

kozmetičko ogledalo

veidrodėlis

brijač

skustuvas

pena za brijanje

skutimosi putos

losion za posle brijanja

losjonas po skutimosi

češalj

šukos

četka

šepetys

fen za kosu

plaukų džiovintuvas

sprej za kosu

plaukų lakas

makeup

makiažas

ruž za usne

lūpdažis

lak za nokte

nagų lakas

vata

vata

makaze za nokte

žirklutės nagams

parfem

kvepalai

kozmetička torbica

maišelis skalbiniams

stolica

taburetė

vaga

svarstyklės

ogrtač

chalatas

rukavice za čišćenje

guminės pirštinės

tampon

tamponas

uložak

higieninis įklotas

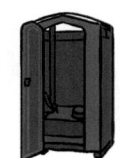

hemijski toalet

biotualetas

dečija soba
vaiko kambarys

budilnik
žadintuvas
plišana igračka
pliušinis žaislas
auto igračka
žaislinė mašinėlė
zvečka
barškutis
kućica za lutke
lėlės namelis
poklon
dovana

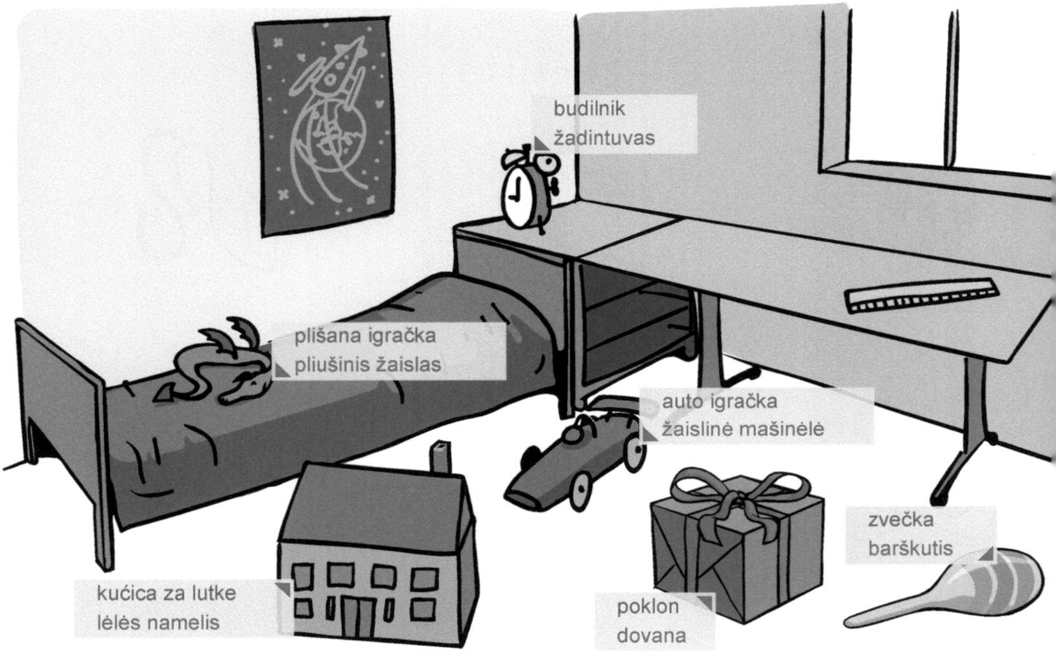

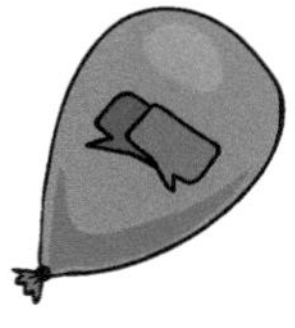

balon
balionas

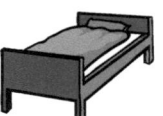

krevet
lova

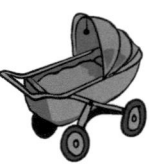

dječija kolica
vaikiškas vežimėlis

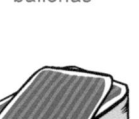

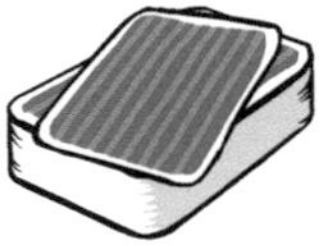

igra s kartama
kortų malka

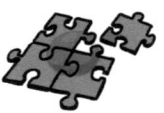

slagalica
delionė

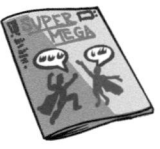

strip
komiksai

lego kockice

lego kaladėlės

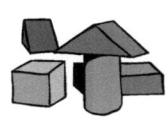

kockice za slaganje

žaislinės kaladėlės

akcioni junak

figūrėlė

benkica za bebe

šliaužtinukai

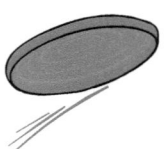

frizbi

mėtymo lėkštė

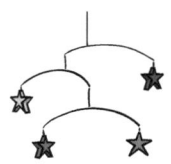

viseće igračke

karuselė

društvene igre

stalo žaidimas

kocka

kauliukai

minijaturna željeznica

žaislinis traukinys

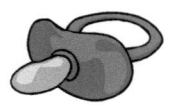

duda

žindukas

zabava

vakarėlis

slikovnica

paveiksliukų knygelė

lopta

kamuolys

lutka

lėlė

igrati

žaisti

pješčanik
smėlio dėžė

ljuljačka
sūpynės

igračka
žaislai

konzola za igre
žaidimų konsolė

tricikl
triratukas

tedi
meškiukas

ormar
drabužių spinta

odeća
drabužis

kratke čarape
kojinės

čarape
kojinės virš kelių

hulahopke
pėdkelnės

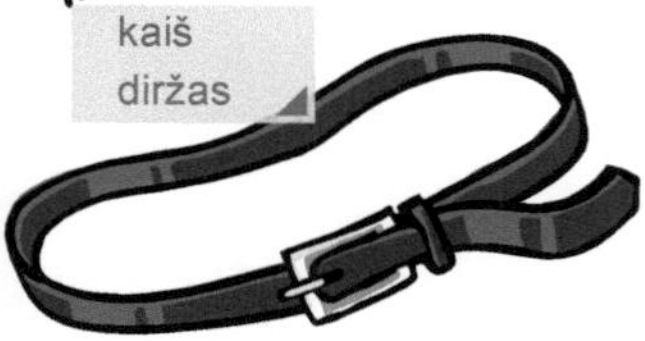

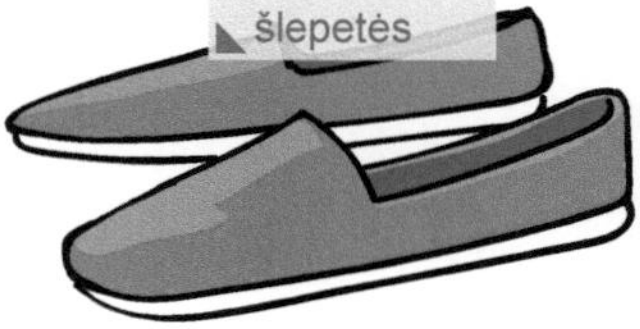

šal
šalikas

kišobran
skėtis

kaiš
diržas

majica
marškinėliai

čizme
ilgaauliai batai

papuče
šlepetės

patike
sportbačiai

sandale

sandalai

cipele

batai

gumene čizme

guminiai batai

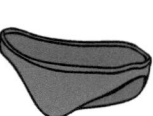

gaćice

trumpikės

grudnjak

liemenėlė

potkošulja

liemenė

odeća - drabužis

bodi

glaustinukė

pantalone

kelnės

farmerke

džinsai

suknja

sijonas

bluza

palaidinė

košulja

marškiniai

džemper

megztinis

džemper s kapuljačom

megztinis su gobtuvu

sako

švarkelis

jakna

švarkas

kaput

paltas

kabanica

lietpaltis

kostim

kostiumas

haljina

suknelė

venčanica

vestuvinė suknelė

odelo

kostiumas

spavaćica

naktiniai marškiniai

pidžama

pižama

sari

saris

marama za glavu

skarelė

turban

tiurbanas

burka

burka

kaftan

kaftanas

abaja

abaja

kupaći kostim

maudymosi kostiumėlis

kupaće gaćice

glaudės

kratke pantalone

šortai

odeća za trening

sportinis kostiumas

kecelja

prijuostė

rukavice

pirštinės

dugme

saga

naočare

akiniai

narukvica

apyrankė

ogrlica

vėrinys

prsten

žiedas

naušnica

auskaras

kapa

kepurė

vešalica

pakabas

šešir

skrybėlė

kravata

kaklaraištis

patent zatvarač

užtrauktukas

kaciga

šalmas

naramenice

breketai

školska uniforma

mokyklinė uniforma

uniforma

uniforma

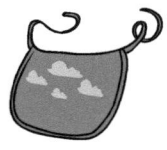

podbradak

seilinukas

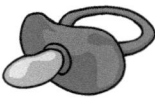

duda

žindukas

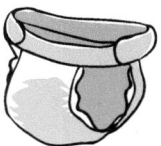

pelena

vystyklai

kancelarija
biuras

server
serveris
ormar za spise
dokumentų spinta
štampač
spausdintuvas
papir
popierius
monitor
vaizduoklis
miš
pelė
pisaći stol
rašomasis stalas
mapa
aplankas
tastatura
klaviatūra
košara za papir
šiukšliadėžė
kompjuter
kompiuteris
stolica
kėdė

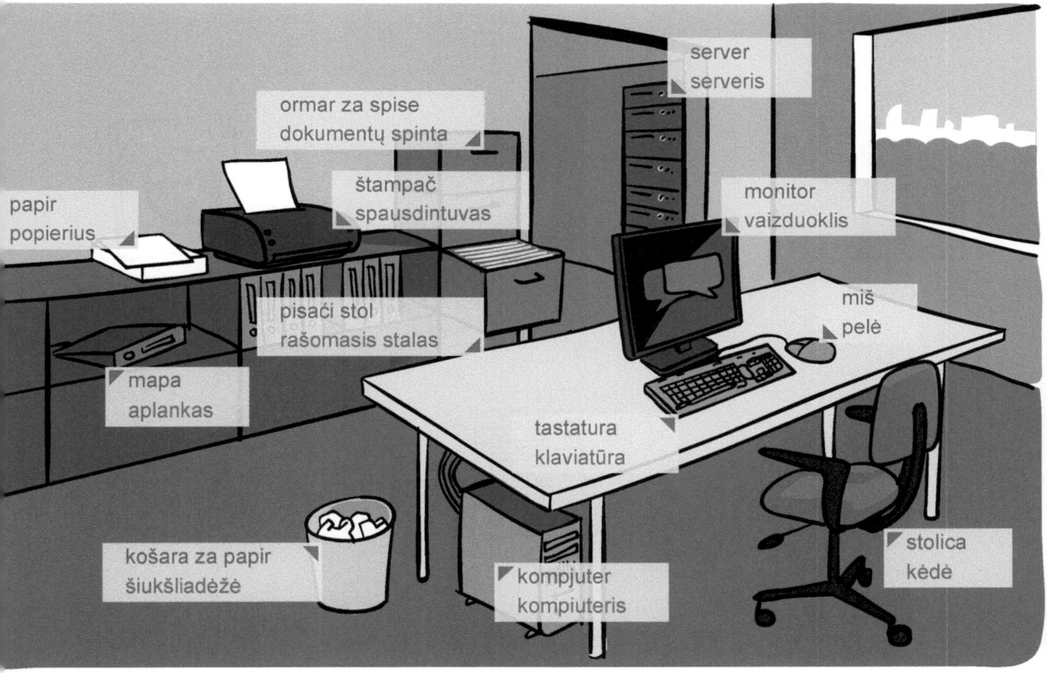

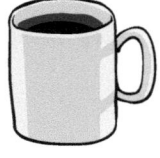

šalica za kavu

kavos puodelis

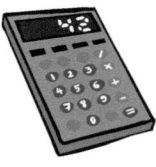

kalkulator

kalkuliatorius

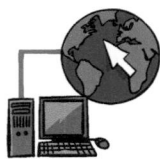

internet

internetas

laptop

nešiojamasis kompiuteris

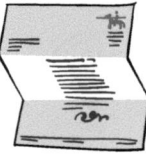

pismo

laiškas

poruka

žinutė

mobilni telefon

mobilusis telefonas

mreža

tinklas

uređaj za kopiranje

fotokopijavimo aparatas

softver

programinė įranga

telefon

telefonas

utičnica

kištukinis lizdas

faks

faksas

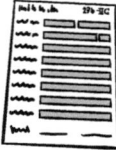

formular

forma

dokument

dokumentas

kupovati

pirkti

platiti

mokėti

trgovati

prekiauti

novac

pinigai

dolar

doleris

evro

euras

jen

jena

rublja

rublis

švajcarski franak

Šveicarijos frankas

renmindbi juan

juanis

rupija

rupija

automat za novac

bankomatas

menjačnica

valiutos keitykla

zlato

auksas

srebro

sidabras

nafta

nafta

energija

energija

cena

kaina

ugovor

sutartis

porez

mokestis

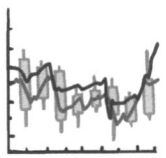

deonica

akcijos

raditi

dirbti

službenik

darbuotojas

poslodavac

darbdavys

fabrika

gamykla

prodavnica

parduotuvė

zanimanja
profesijos

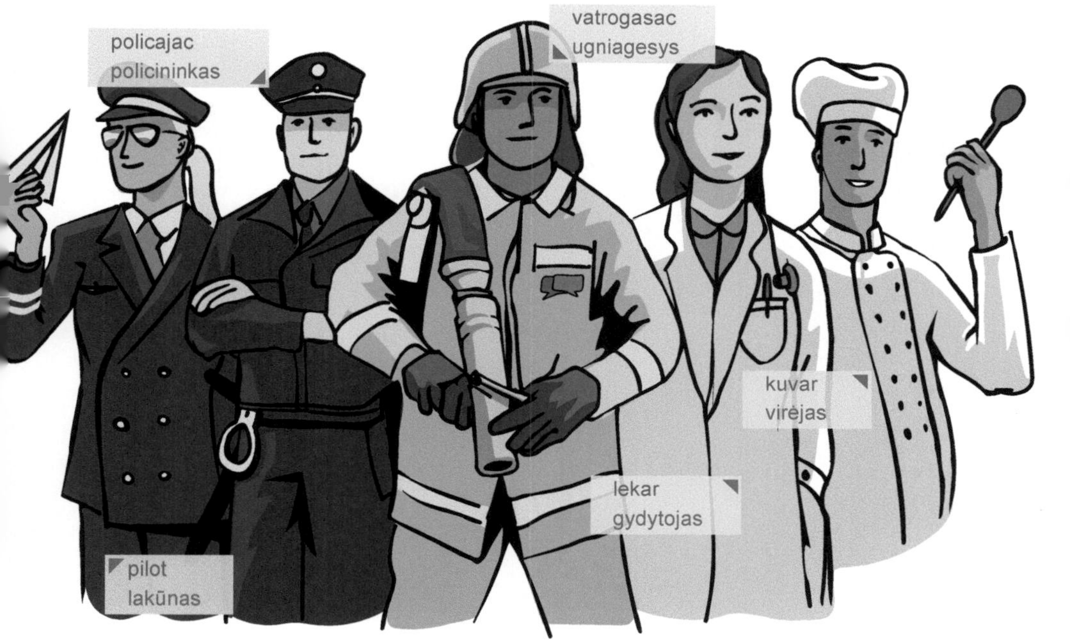

policajac
policininkas
vatrogasac
ugniagesys
kuvar
virėjas
lekar
gydytojas
pilot
lakūnas

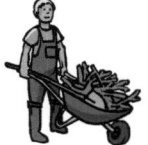

vrtlar

sodininkas

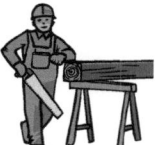

stolar

stalius

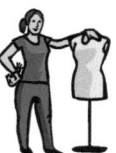

krojačica

siuvėja

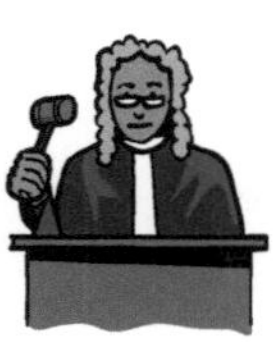

sudija

teisėjas

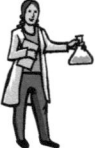

hemičar

chemikas

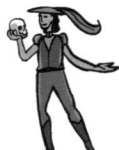

glumac

aktorius

vozač autobusa

autobuso vairuotojas

vozač taksija

taksi vairuotojas

ribar

žvejys

čistačica

valytoja

krovopokrivač

stogdengys

konobar

padavėjas

lovac

medžiotojas

slikar

dailininkas

pekar

kepėjas

električar

elektrikas

građevinski radnik

statybininkas

inženjer

inžinierius

mesar

mėsininkas

limar

santechnikas

poštar

paštininkas

vojnik

kareivis

arhitekta

architektas

blagajnik

kasininkas

cvećar

gėlininkas

frizer

kirpėjas

kondukter

konduktorius

mehaničar

mechanikas

kapetan

kapitonas

zubar

odontologas

naučnik

mokslininkas

rabi

rabinas

imam

imamas

monah

vienuolis

svećenik

kunigas

alati
įrankiai

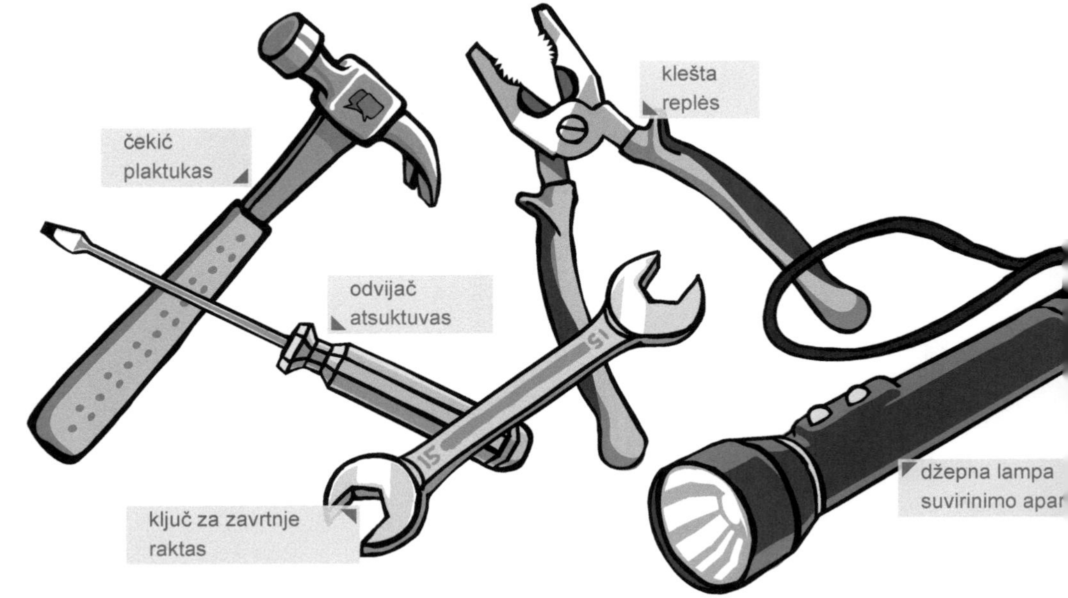

čekić
plaktukas
klešta
replės
odvijač
atsuktuvas
džepna lampa
suvirinimo apar
ključ za zavrtnje
raktas

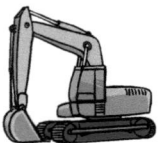

bager

ekskavatorius

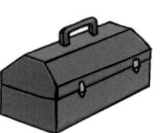

kutija za alat

įrankių dėžė

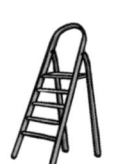

merdevine

kopėčios

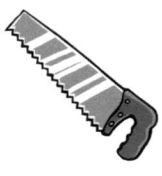

pila

pjūklas

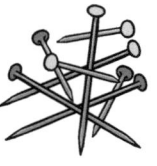

ekser

vinys

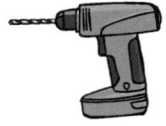

bušilica

grąžtas

popraviti

taisyti

lopata

kastuvas

do đavola!

Velniava!

lopatica

semtuvėlis

lonac za boju

dažų skardinė

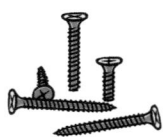

zavrtanji

varžtai

muzički instrument
muzikos instrumentai

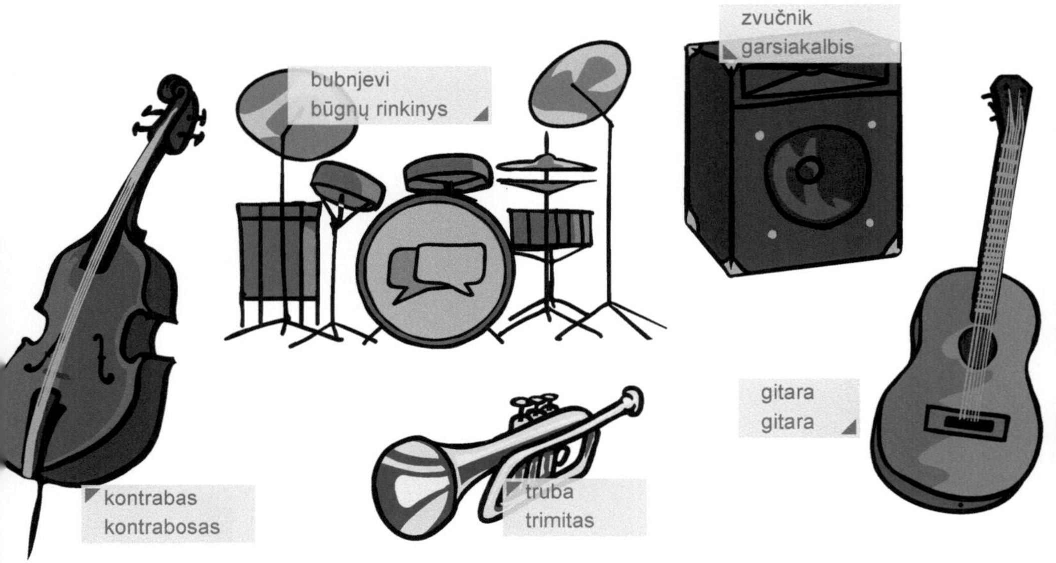

zvučnik
garsiakalbis

bubnjevi
būgnų rinkinys

gitara
gitara

kontrabas
kontrabosas

truba
trimitas

klavir

pianinas

violina

smuikas

bas

bosinė gitara

timpani

timpanas

udaraljke za bubnjeve

būgnai

tipke klavira

sintezatorius

saksofon

saksofonas

flauta

fleita

mikrofon

mikrofonas

zoološki vrt
zoologijos sodas

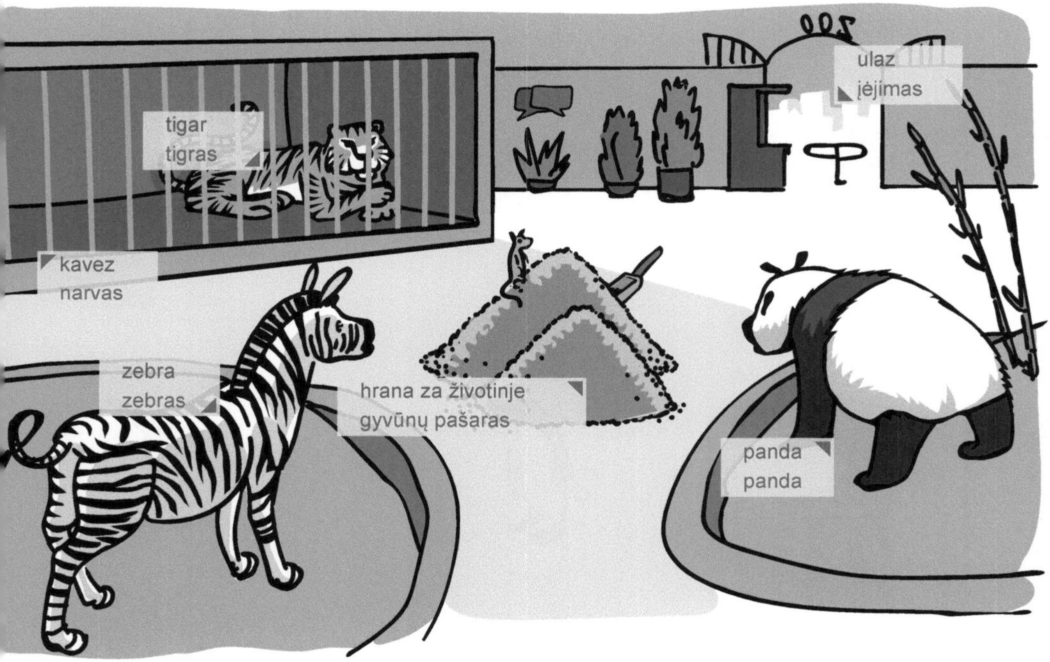
ulaz
įėjimas
tigar
tigras
kavez
narvas
zebra
zebras
hrana za životinje
gyvūnų pašaras
panda
panda

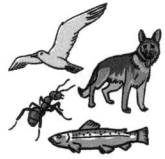

životinje

gyvūnai

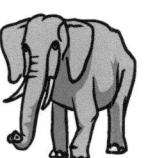

slon

dramblys

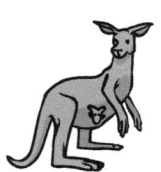

kengur

kengūra

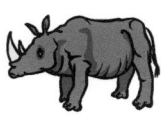

nosorog

raganosis

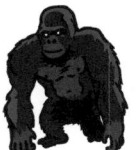

gorila

gorila

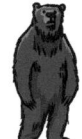

medved

meška

kamila

kupranugaris

noj

strutis

lav

liūtas

majmun

beždžionė

flamingo

flamingas

papagaj

papūga

polarni medved

baltoji meška

pingvin

pingvinas

ajkula

ryklys

paun

povas

zmija

gyvatė

krokodil

krokodilas

čuvar u zoološkom vrtu

zoologijos sodo prižiūrėtojas

tuljan

ruonis

jaguar

jaguaras

poni

ponis

leopard

leopardas

nilski konj

begemotas

žirafa

žirafa

orao

erelis

divlja svinja

šernas

riba

žuvis

kornjača

vėžlys

morž

vėplys

lisica

lapė

gazela

gazelė

američki nogomet
amerikietiškas futbolas

biciklizam
dviračių sportas

tenis
tenisas

košarka
krepšinis

plivanje
plaukimas

boks
boksas

hokej na ledu
ledo ritulys

fudbal
futbolas

badminton
badmintonas

atletika
atletika

rukomet
rankinis

skijanje
slidinėjimas

polo
polas

skočiti
šokinėti

zagrliti
apkabinti

smejati se
juoktis

ići
vaikščioti

pevati
dainuoti

sanjati
svajoti

moliti se
melstis

poljubiti
bučiuoti

pisati
rašyti

crtati
piešti

pokazati
rodyti

gurati
stumti

dati
duoti

uzeti
imti

imati
turėti

činiti
daryti

biti
būti

stojati
stovėti

trčati
bėgti

povlačiti
traukti

baciti
mesti

padati
kristi

ležati
meluoti

čekati
laukti

nositi
nešti

sediti
sėdėti

oblačiti
rengtis

spavati
miegoti

probuditi se
pabusti

gledati

žiūrėti

plakati

verkti

milovati

glostyti

češljati

šukuoti

govoriti

kalbėti

razumeti

suprasti

pitati

paklausti

slušati

klausytis

piti

gerti

jesti

valgyti

pospremiti

tvarkytis

voleti

mylėti

kuhati

gaminti

voziti

vairuoti

leteti

skristi

ploviti

buriuoti

računati

skaičiuoti

čitati

skaityti

učiti

mokytis

raditi

dirbti

venčati se

vesti

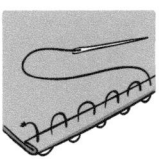

šiti

siūti

prati zube

valytis dantis

ubiti

žudyti

pušiti

rūkyti

poslati

siųsti

porodica
šeima

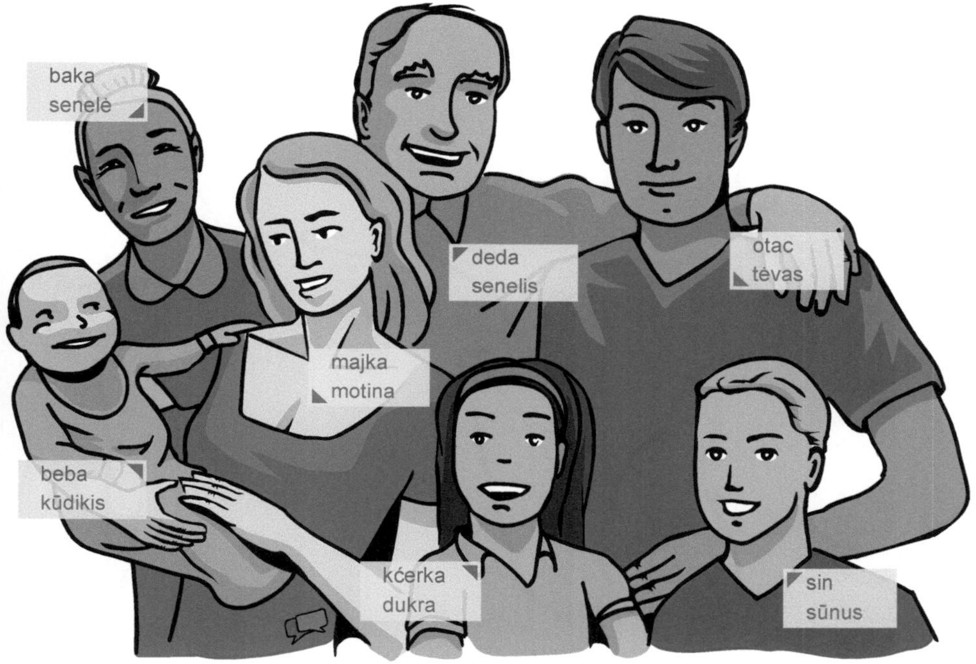
baka
senelė
deda
senelis
otac
tėvas
majka
motina
beba
kūdikis
kćerka
dukra
sin
sūnus

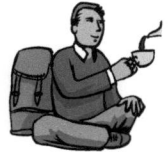

gost
svečias

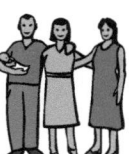

tetka
teta

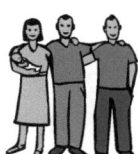

ujak, stric
dėdė

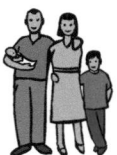

brat
brolis

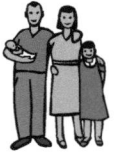

sestra
sesuo

telo
kūnas

čelo
kakta
oko
akis
rame
petys
prst
pirštas
lice
veidas
brada
smakras
ruka
plaštaka
grudi
krūtinė
noga
koja
ruka
ranka

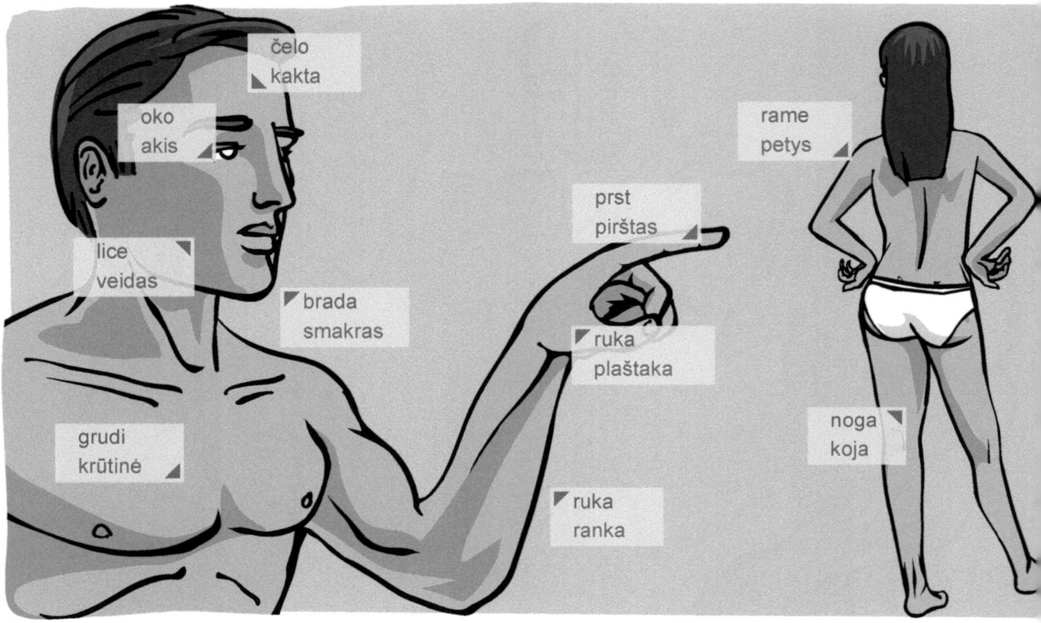

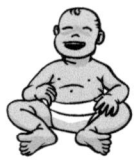

beba
kūdikis

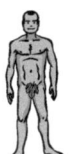

muškarac
vyras

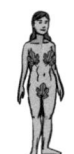

žena
moteris

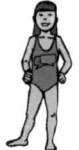

devojčica
mergaitė

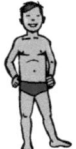

dečak
berniukas

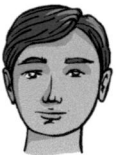

glava
galva

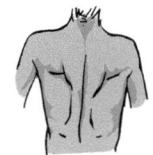

leđa

nugara

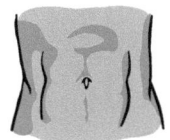

stomak

pilvas

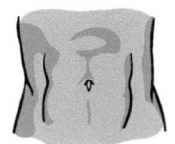

pupak

bamba

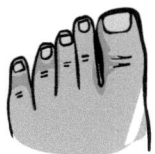

nožni prst

kojos pirštas

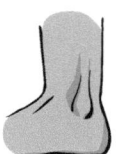

peta

kulnas

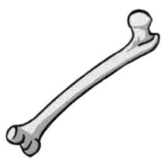

kost

kaulas

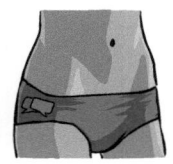

kukovi

klubas

koleno

kelis

lakat

alkūnė

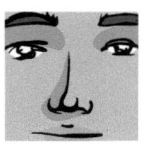

nos

nosis

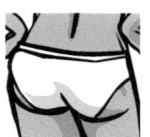

zadnjica

sėdmenys

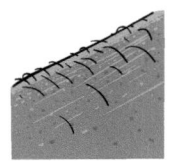

koža

oda

obraz

skruostas

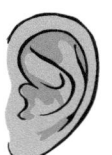

uvo

ausis

usna

lūpa

telo - kūnas

usta

burna

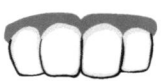

zub

dantis

jezik

liežuvis

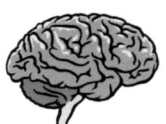

mozak

smegenys

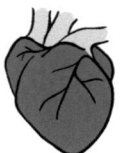

srce

širdis

mišić

raumuo

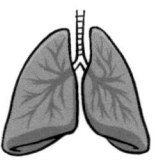

pluća

plaučiai

jetra

kepenys

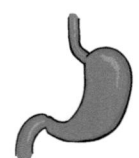

želudac

skrandis

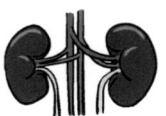

bubrezi

inkstai

polni odnos

seksas

kondom

prezervatyvas

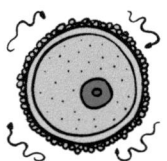

jajna ćelija

kiaušialąstė

sperma

sperma

trudnoća

nėštumas

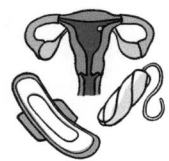

menstruacija

menstruacijos

vagina

makštis

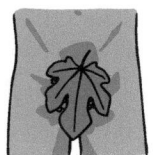

penis

varpa

obrva

antakis

kosa

plaukai

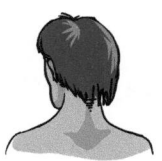

vrat

kaklas

telo - kūnas 71

bolnica
ligoninė

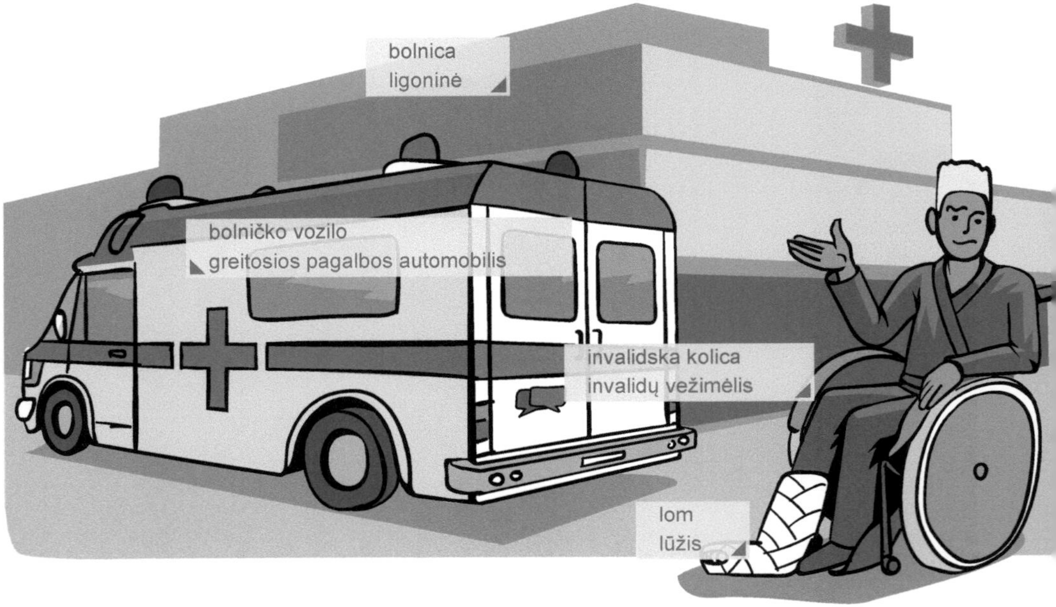

bolnica
ligoninė
bolničko vozilo
greitosios pagalbos automobilis
invalidska kolica
invalidų vežimėlis
lom
lūžis

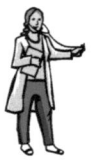

lekar

gydytojas

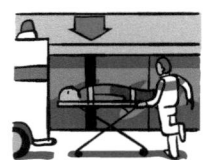

hitna medicinska služba

skubios pagalbos skyrius

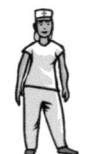

medicinska sestra

slaugytoja

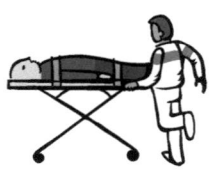

hitni slučaj

nelaimingas atsitikimas

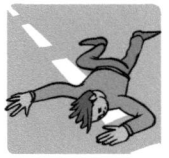

nesvest

be sąmonės

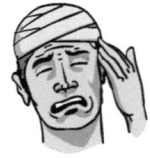

bol

skausmas

povreda
sužalojimas

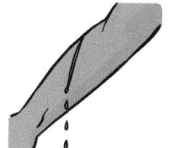

krvarenje
kraujavimas

srčani udar
širdies smūgis

udar
insultas

alergija
alergija

kašalj
kosulys

groznica
karščiavimas

gripa
gripas

proliv
viduriavimas

glavobolja
galvos skausmas

rak
vėžys

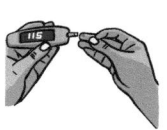

dijabetes
diabetas

hirurg
chirurgas

skalpel
skalpelis

operacija
operacija

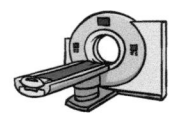

ct
KT

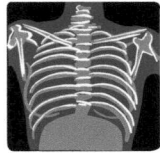

rentgen
rentgenas

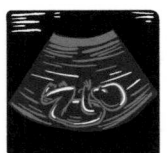

ultrazvuk
ultragarsas

maska
veido kaukė

bolest
liga

čekaona
laukiamasis

štaka
ramentas

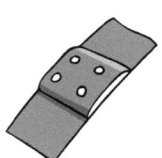

flaster
gipsas

zavoj
tvarstis

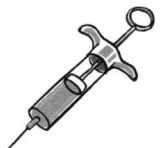

injekcija
injekcija

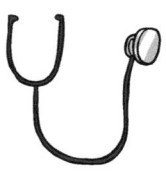

stetoskop
stetoskopas

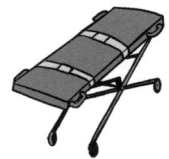

nosila
neštuvai

termometar
termometras

rođenje
gimimas

prekomerna težina
antsvoris

slušni aparat

klausos aparatas

sredstvo za dezinfekciju

dezinfekavimo priemonė

infekcija

infekcija

virus

virusas

HIV / AIDS

ŽIV / AIDS

medicina

vaistas

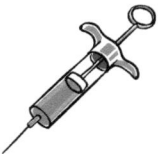

vakcinacija

skiepijimas

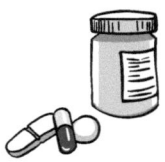

tablete

tabletės

pilula

piliulė

hitni poziv

kubios pagalbos numeris

uređaj za merenje pritiska

kraujospūdžio matuoklis

bolesno / zdravo

ligotas / sveikas

pomoć!

Padėkite!

alarm

pavojaus signalas

nasrtaj

užpuolimas

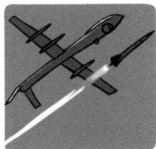

napad

ataka

opasnost

pavojus

izlaz u slučaju nužde

avarinis išėjimas

požar!

Gaisras!

protivpožarni aparat

gesintuvas

nezgoda

nelaimingas atsitikimas

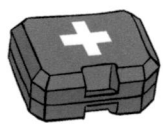

kutija prve pomoći

pirmosios pagalbos rinkinys

sos

SOS

policija

policija

Evropa

Europa

Severna Amerika

Šiaurės Amerika

Južna Amerika

Pietų Amerika

Afrika

Afrika

Azija

Azija

Australija

Australija

Atlantik

Atlanto vandenynas

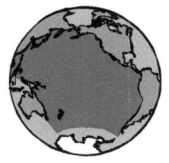

Pacifik

Ramusis vandenynas

Indijski okean

Indijos vandenynas

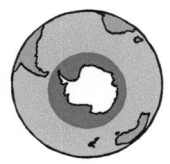

Antarktički okean

Pietų vandenynas

Arktički ocean

Arkties vandenynas

Severni pol

Šiaurės ašigalis

Južni pol

Pietų ašigalis

Antarktik

Antarktida

zemlja

Žemė

zemlja

sausuma

more

jūra

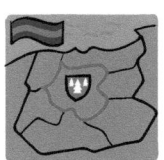

otok

sala

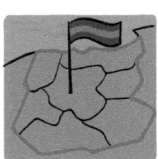

nacija

tauta

država

valstybė

brojčanik sata

ciferblatas

satna kazaljka

valandinė rodyklė

minutna kazaljka

minutinė rodyklė

sekundna kazaljka

sekundinė rodyklė

Koliko je sati?

Kiek valandų?

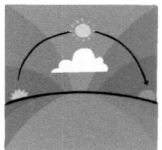

dan

diena

vreme

laikas

sada

dabar

digitalni sat

skaitmeninis laikrodis

minuta

minutė

čas

valanda

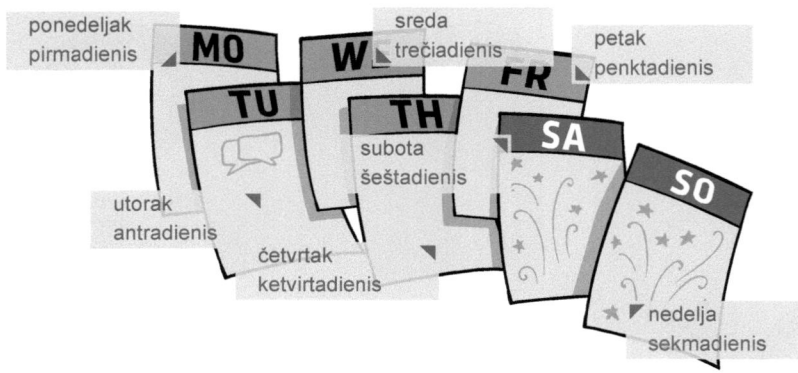

ponedeljak
pirmadienis

sreda
trečiadienis

petak
penktadienis

subota
šeštadienis

utorak
antradienis

četvrtak
ketvirtadienis

nedelja
sekmadienis

juče
vakar

danas
šiandien

sutra
rytoj

jutro
rytas

podne
vidurdienis

veče
vakaras

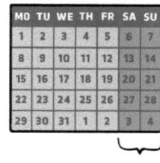

radni dani
darbo dienos

vikend
savaitgalis

kiša
lietus

duga
vaivorykštė

sneg
sniegas

vetar
vėjas

proleće
pavasaris

jesen
ruduo

leto
vasara

zima
žiema

4.APRIL	11°	☀
5.APRIL	4°	☁
6.APRIL	13°	☂
7.APRIL	8°	❄
8.APRIL	10°	☀

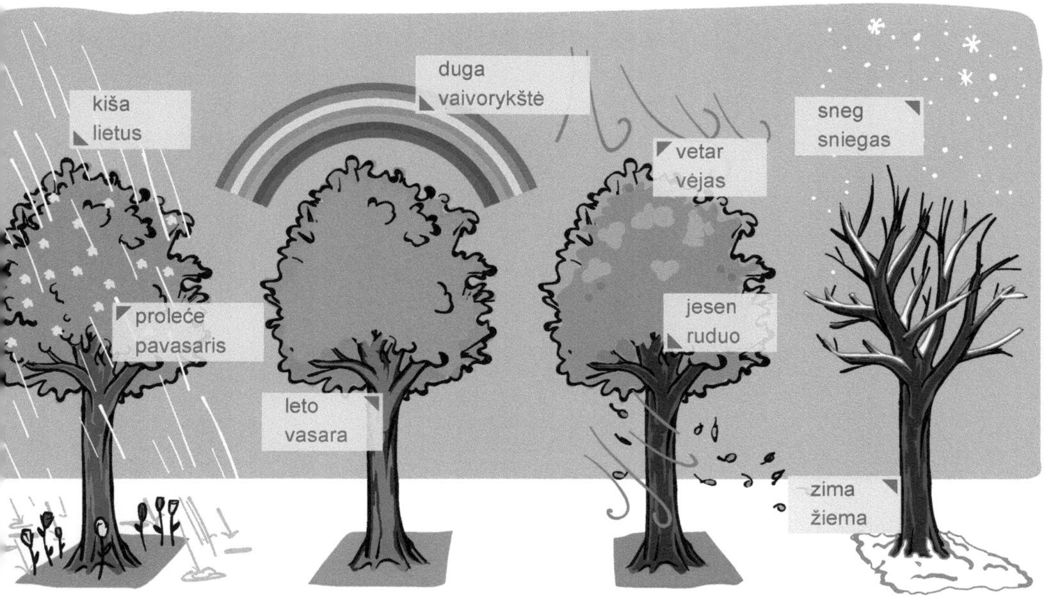

meteorološka prognoza

orų prognozė

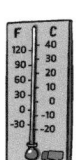

termometar

lauko termometras

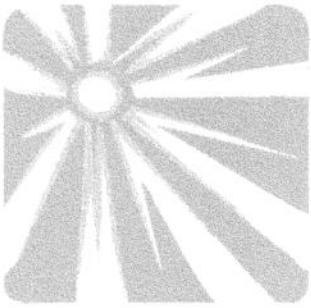

sunčana svetlost

saulės šviesa

oblak

debesis

magla

rūkas

vlažnost vazduha

drėgmė

munja
žaibas

grmljavina
griaustinis

oluja
audra

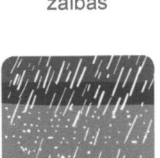

tuča
kruša

monsun
musonas

poplava
potvynis

led
ledas

januar
sausis

februar
vasaris

mart
kovas

april
balandis

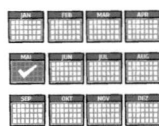

maj
gegužė

juni
birželis

juli
liepa

avgust
rugpjūtis

godina - metai

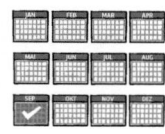

septembar

rugsėjis

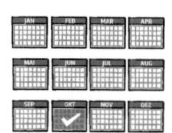

oktobar

spalis

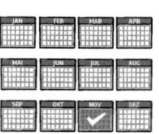

novembar

lapkritis

decembar

gruodis

krug

apskritimas

kvadrat

kvadratas

pravougao

stačiakampis

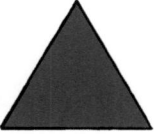

trougao

trikampis

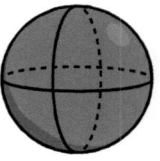

kugla

sfera

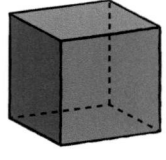

kocka

kubas

bela
....
balta

žuta
....
geltona

narandžasta
....
oranžinė

ružičasta
....
rožinė

crvena
....
raudona

ljubičasta
....
violetinė

plava
....
mėlyna

zelena
....
žalia

smeđa
....
ruda

siva
....
pilka

crna
....
juoda

mnogo / malo

daug / mažai

ljutito / mirno

piktas / ramus

lepo / ružno

gražus / bjaurus

početak / kraj

pradžia / pabaiga

veliko / maleno

didelis / mažas

svetlo / tamno

šviesus / tamsus

brat / sestra

brolis / sesuo

čisto / prljavo

švarus / purvinas

potpuno / nepotpuno

užbaigtas / neužbaigtas

dan / noć

diena / naktis

mrtvo / živo

miręs / gyvas

široko / usko

platus / siauras

jestivo / nejestivo

valgomas / nevalgomas

zlo / dobro

piktas / malonus

uzbuđeno / dosadno

linksmas / nuobodus

debelo / mršavo

storas / plonas

na početku / na kraju

pirmiausia / paskiausia

prijatelj / neprijatelj

draugas / priešas

puno / prazno

pilnas / tuščias

tvrdo / mekano

kietas / minkštas

teško / lagano

sunkus / lengvas

glad / žeđ

alkis / troškulys

bolesno / zdravo

ligotas / sveikas

ilegalno / legalno

nelegalus / legalus

pametno / glupo

protingas / kvailas

levo / desno

kairė / dešinė

blizu / daleko

arti / toli

suprotnosti - priešingos reikšmės žodžiai

novo / polovno

naujas / naudotas

ništa / nešto

niekas / kažkas

staro / mlado

senas / jaunas

uključeno / isključeno

įjungta / išjungta

otvoreno / zatvoreno

atidaryta / uždaryta

tiho / glasno

tylus / garsus

bogato / siromašno

turtingas / vargšas

tačno / pogrešno

teisus / neteisus

hrapavo / glatko

šiurkštus / švelnus

tužno / sretno

liūdnas / laimingas

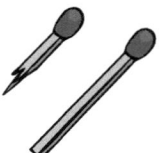

kratko / dugo

trumpas / ilgas

polako / brzo

lėtas / greitas

mokro / suho

drėgnas / sausas

toplo / hladno

šiltas / šaltas

rat / mir

karas / taika

0

nula

nulis

1

jedan

vienas

2

dva

du

3

tri

trys

4

četiri

keturi

5

pet

penki

6

šest

šeši

7

sedam

septyni

8

osam

aštuoni

9

devet

devyni

10

deset

dešimt

11

jedanaest

vienuolika

12
dvanaest
dvylika

13
trinaest
trylika

14
četrnaest
keturiolika

15
petnaest
penkiolika

16
šestnaest
šešiolika

17
sedamnaest
septyniolika

18
osamnaest
aštuoniolika

19
devetnaest
devyniolika

20
dvadeset
dvidešimt

100
stotinu
šimtas

1.000
hiljadu
tūkstantis

1.000.000
milion
milijonas

engleski

anglų

američki engleski

amerikiečių anglų

mandarinski kineski

kinų (mandarinų)

hindski

hindi

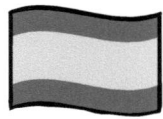

španski

ispanų

francuski

prancūzų

arapski

arabų

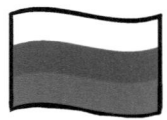

ruski

rusų

portugalski

portugalų

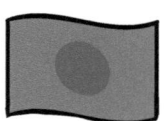

bengalski

bengalų

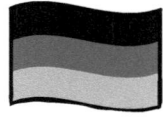

nemački

vokiečių

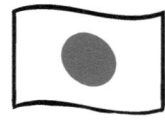

japanski

japonų

ja

aš

ti

tu

on / ona / ono

jis / ji

mi

mes

vi

jūs

oni

jie

Ko?

kas?

Šta?

ką?

Kako?

kaip?

Gde?

kur?

Kada?

kada?

ime

vardas

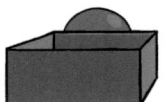

iza

už

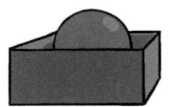

u

kur (vieta)

ispred

priešais

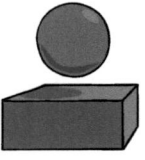

preko

virš

na

ant

ispod

po

pored

prie

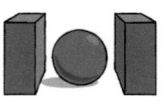

između

tarp

mesto

vieta